CarArt Books

AUTOMOBILI E DIVERTIMENTO

LIBRO DA COLORARE PER BAMBINI

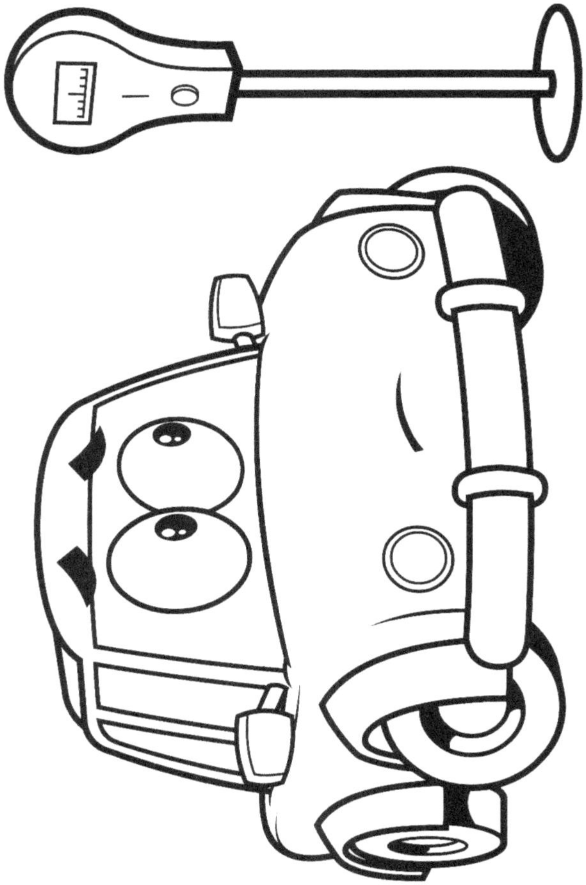
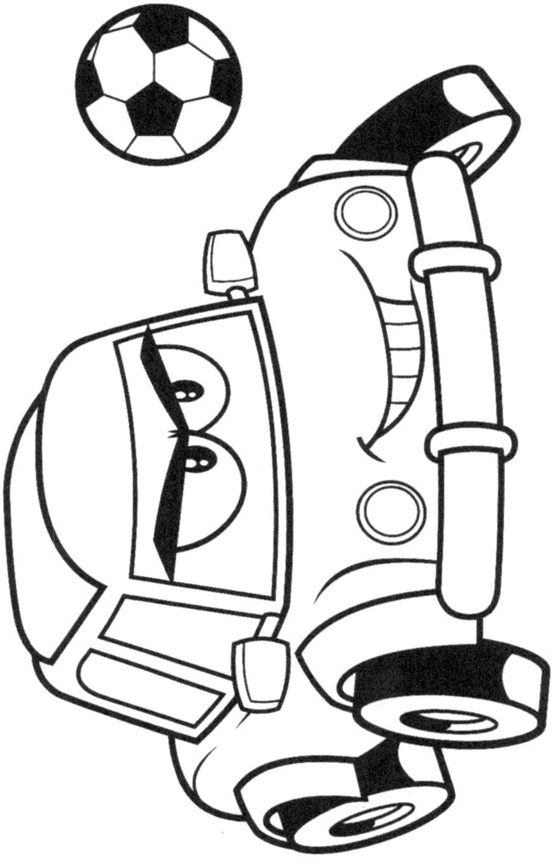
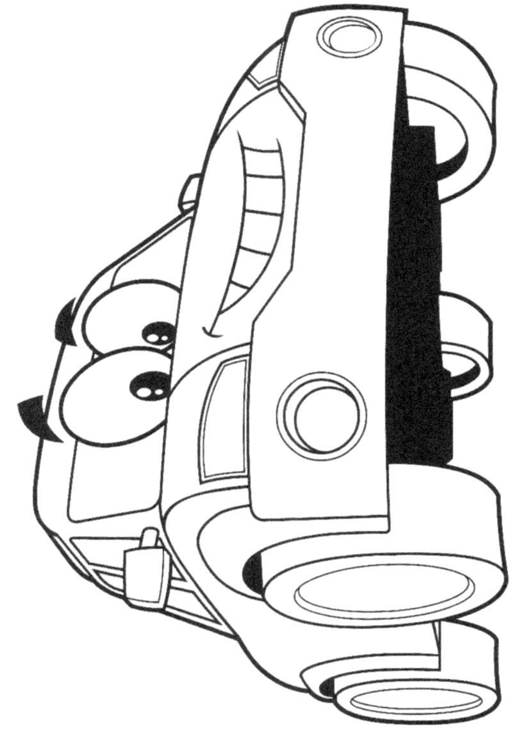
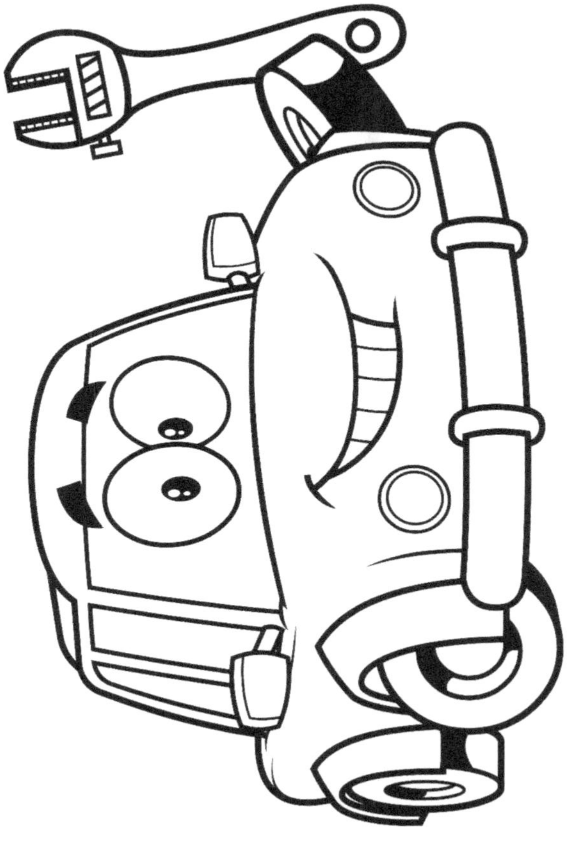

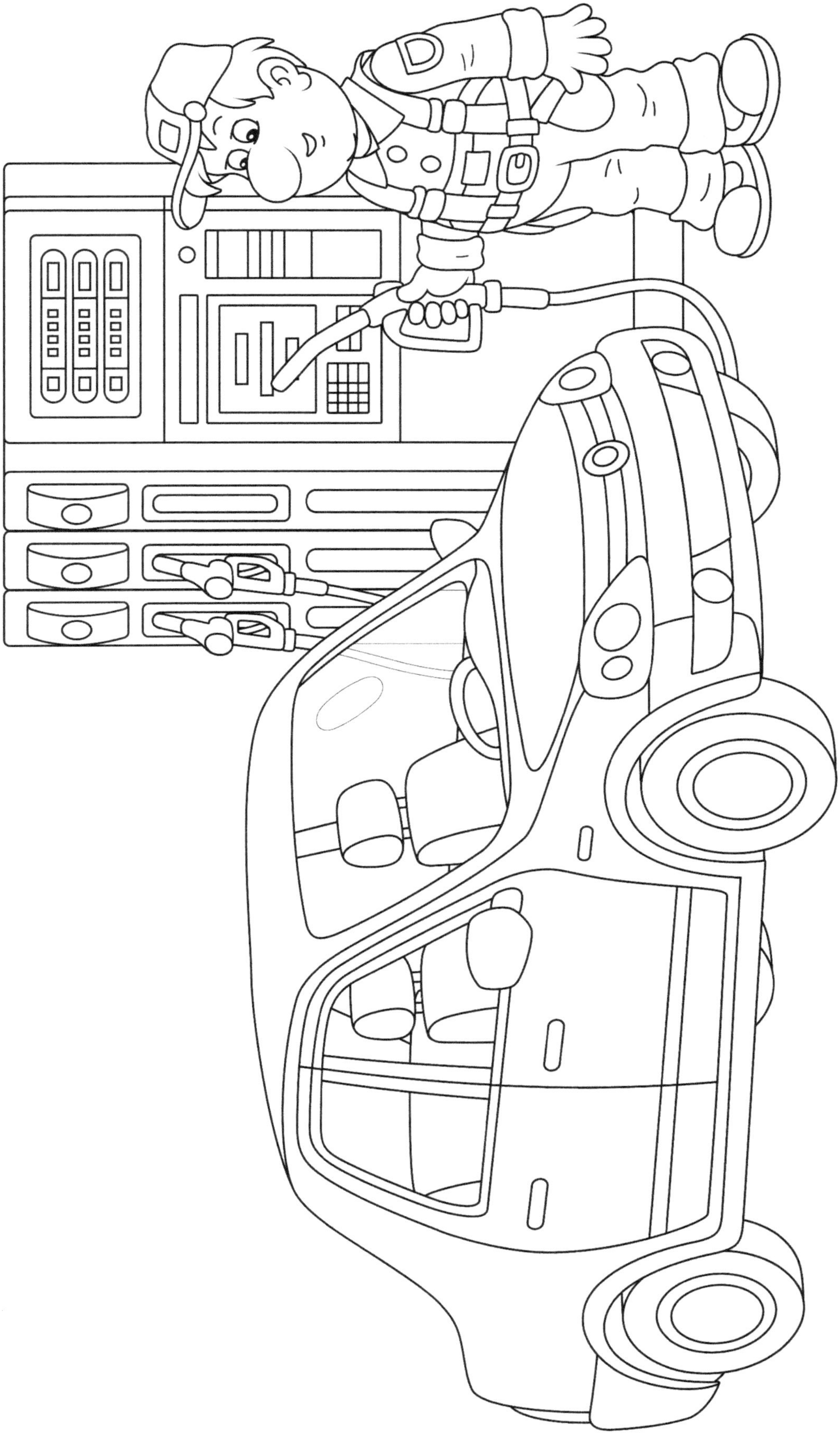

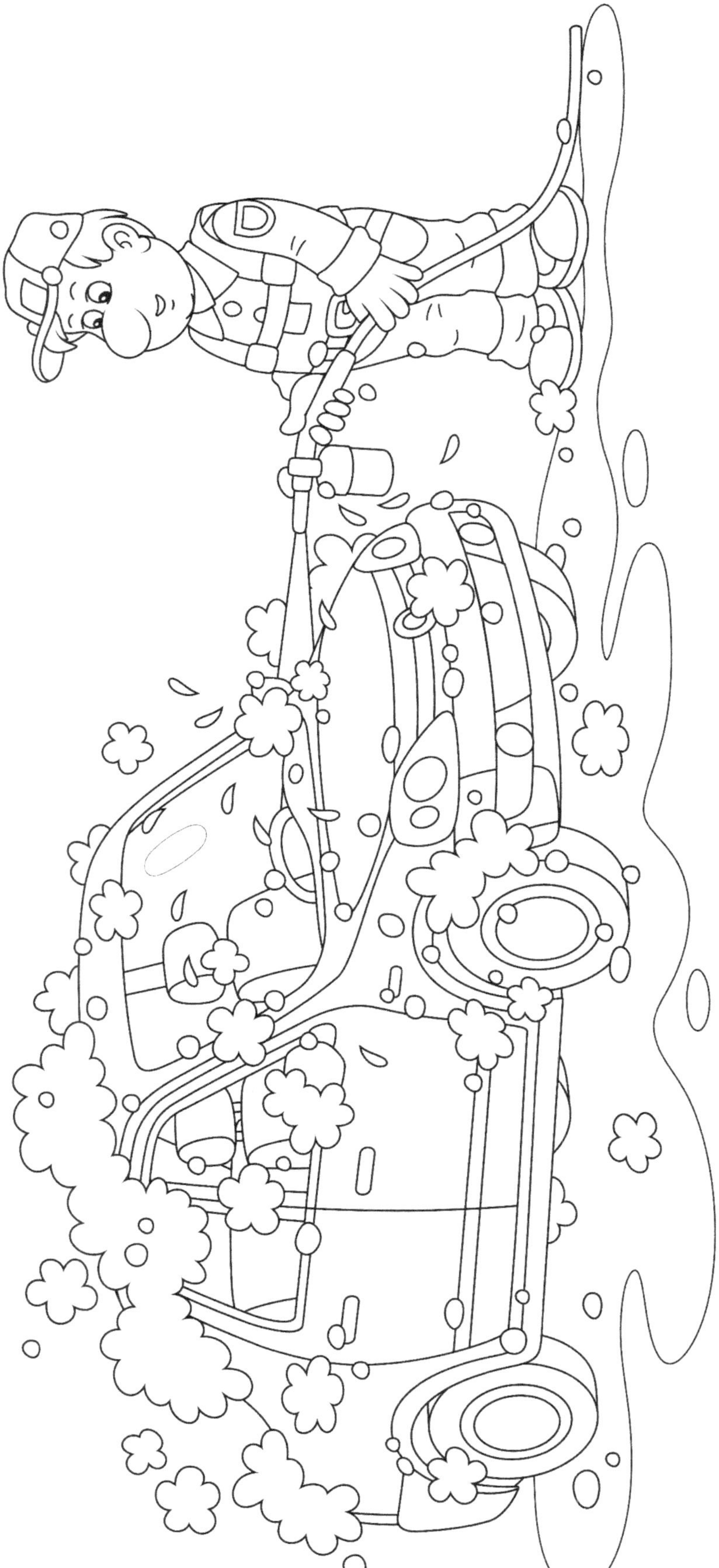

GASOLINE

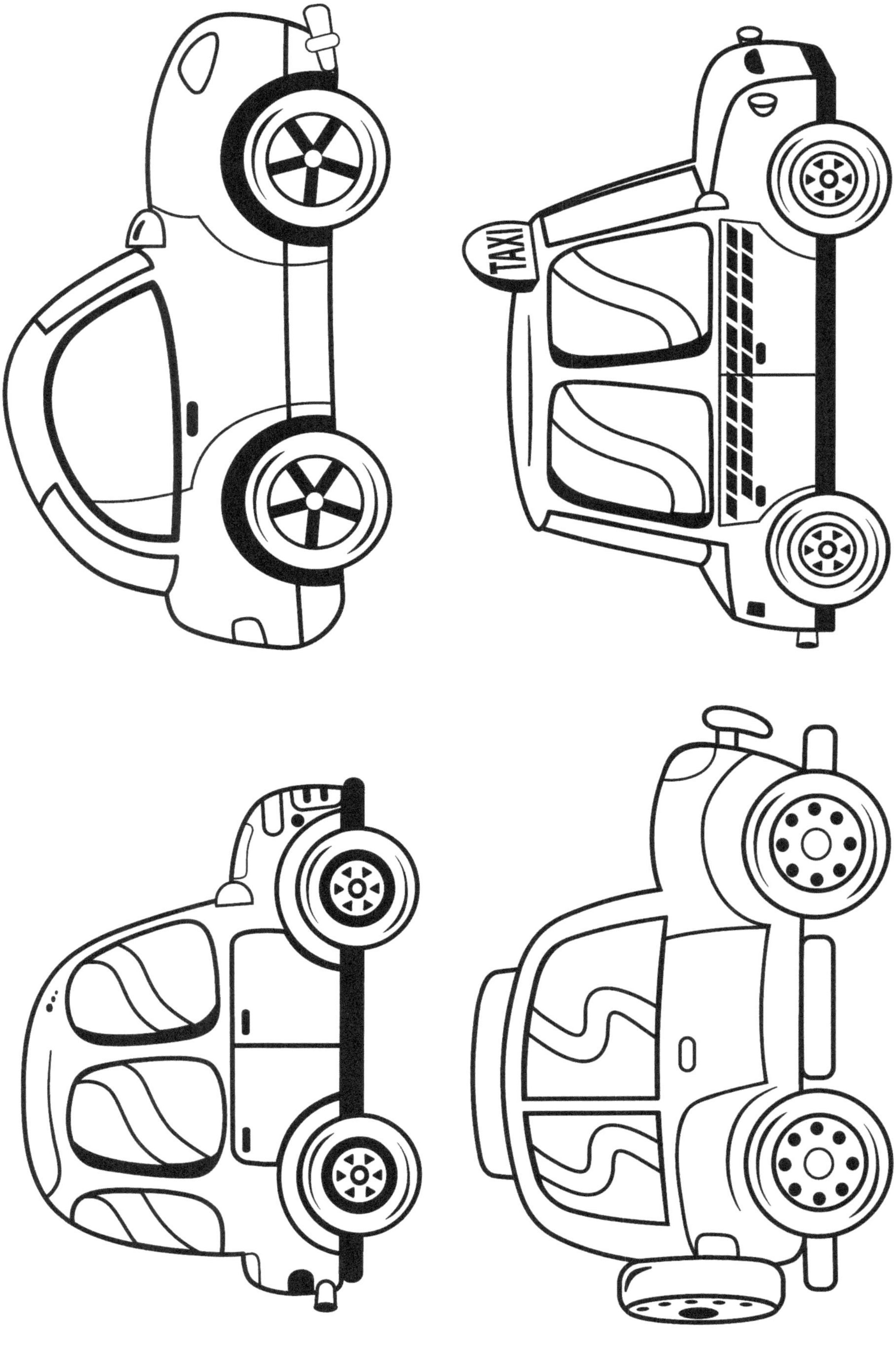
TAXI

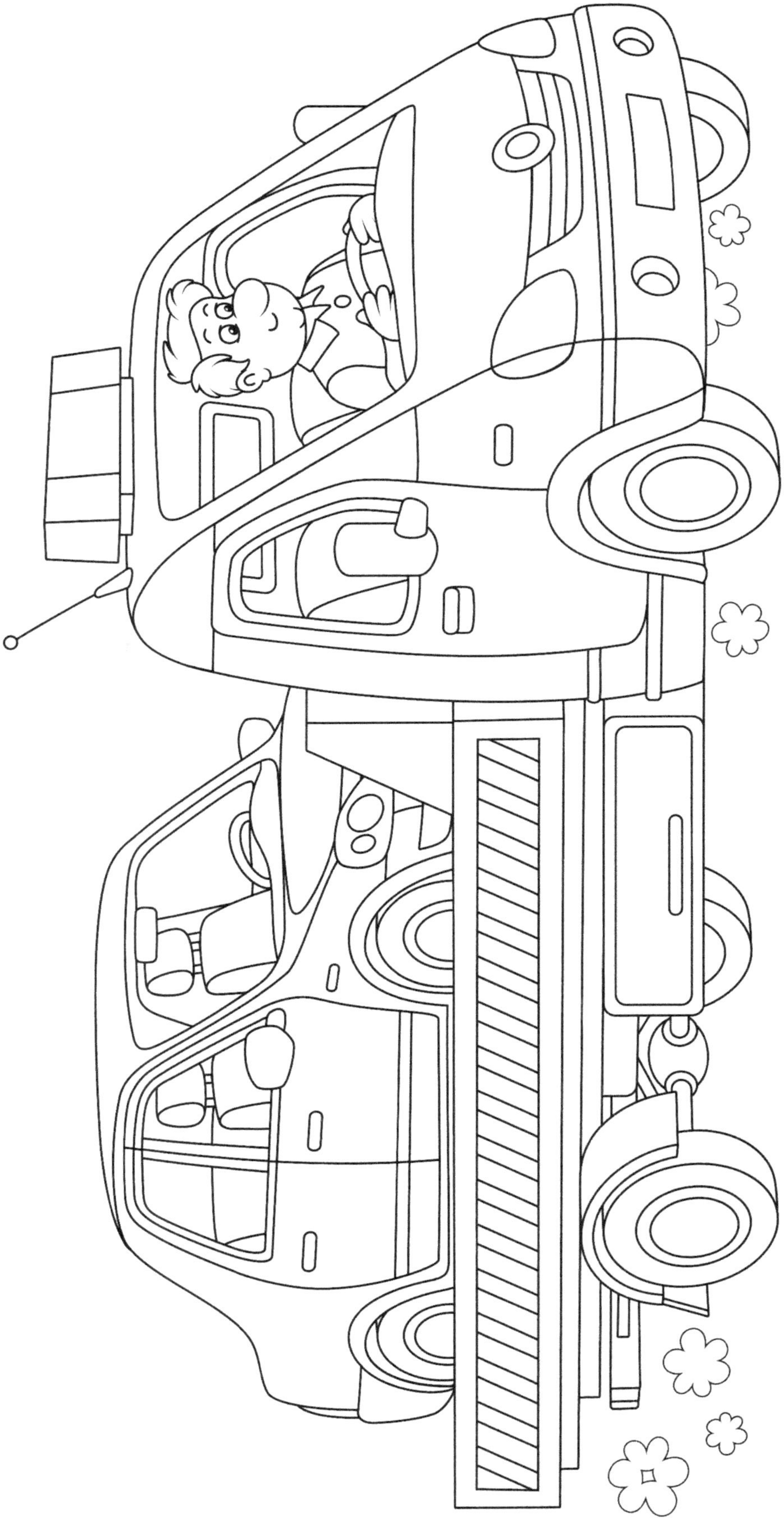

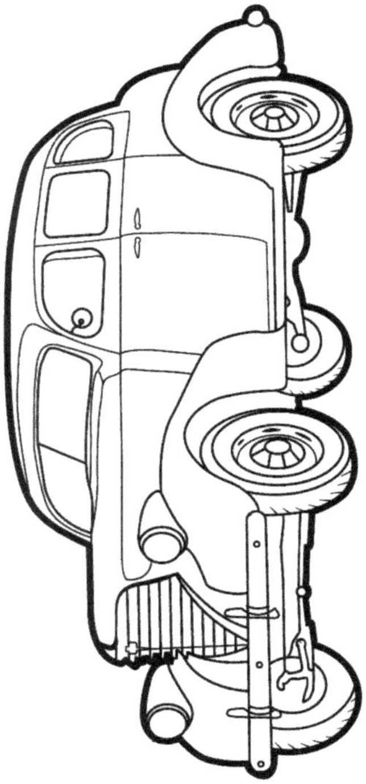
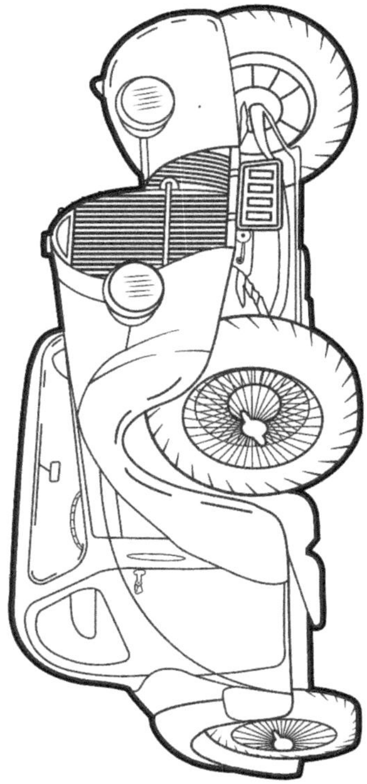
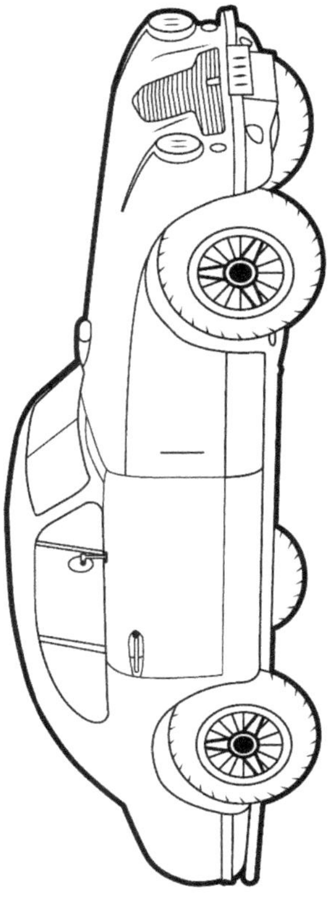
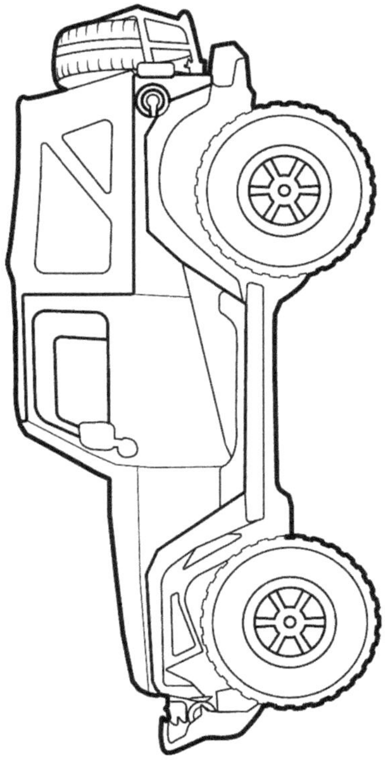

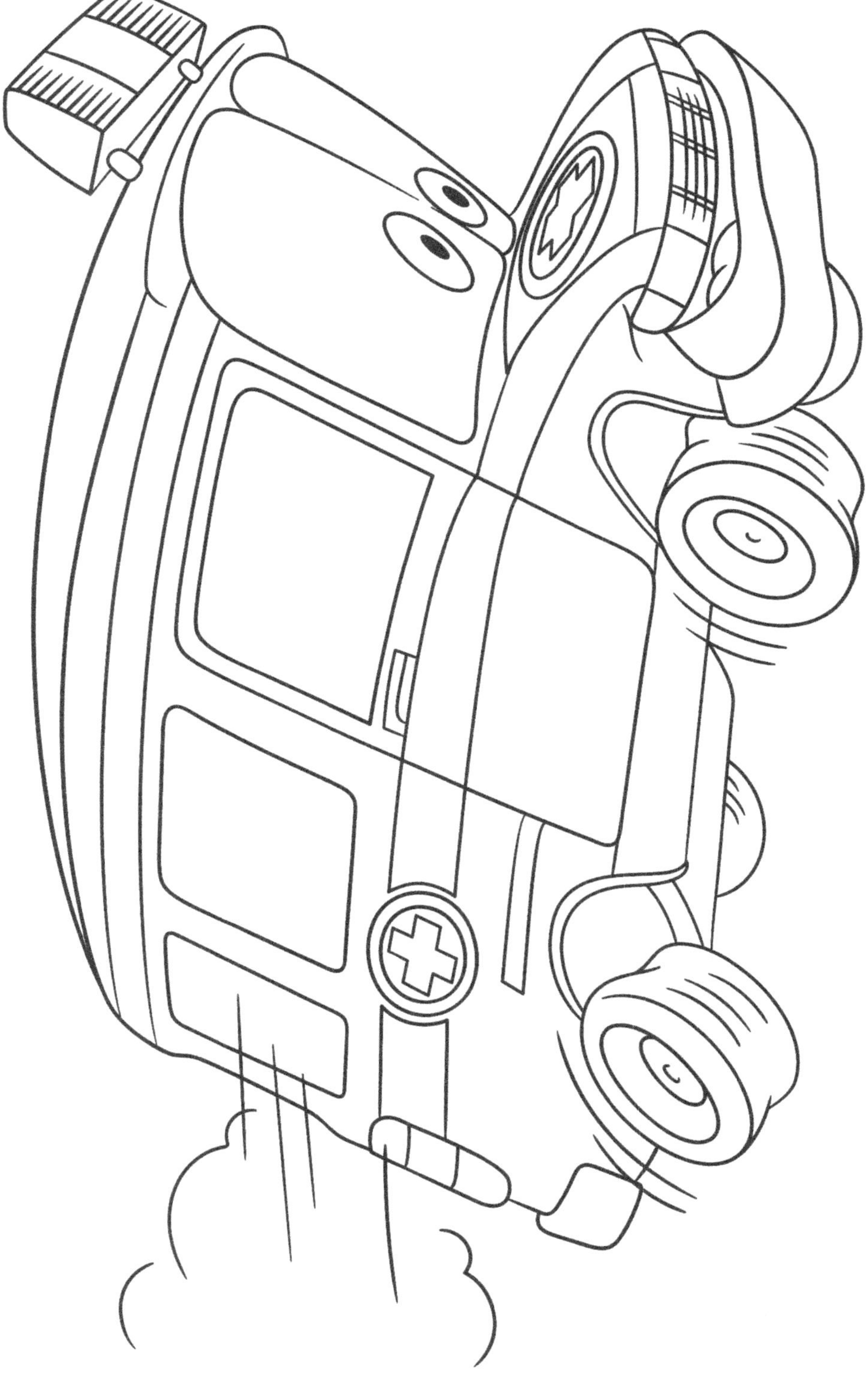

SCHOOL
BUS

CPSIA information can be obtained
at www.ICGtesting.com
Printed in the USA
BVHW021155060623
665467BV00014B/764

9 798211 195912